Affaire de Boulogne.

PLAIDOYER

PRONONCÉ A LA COUR DES PAIRS,

POUR L'ACCUSÉ FORESTIER,

Par M. du Cluzeau de Clérant,
avocat à la Cour royale de Paris.

PARIS,

IMPRIMERIE-LIBRAIRIE DE G.-A. DENTU,
Palais-Royal, galerie vitrée, nᵒ 13;
ET RUE DES BEAUX-ARTS, Nᵒˢ 3 ET 5.

1840.

IMPRIMERIE DE G. - A. DENTU,
3 et 5, rue des Beaux-Arts.

Messieurs les Pairs, je pourrais me débattre, moi
aussi, contre la justice qui nous est donnée dans cette
cause, si j'avais un Prince à défendre. Je pourrais proclamer dans cette enceinte, mieux qu'ailleurs, l'inviolabilité des races royales, et soutenir qu'elles sont vis-
à-vis les unes des autres, comme les nations, dans l'é-
tat de nature ; n'ayant qu'un tribunal, qu'un juge, qu'une
justice..... LE FAIT. Je pourrais soutenir que l'exil, la
proscription, la mort de cent princes ne portent pas
une atteinte aussi profonde au principe de l'inviolabilité royale, que le jugement d'un seul. Je pourrais vous
montrer au-dehors de terribles logiciens prêts à s'em-
parer du précédent qui s'établit à la Cour des Pairs.
Que dis-je, au-dehors ? N'avez-vous pas entendu hier,
dans cette enceinte, la souveraineté populaire s'armer
à l'avance de votre arrêt, par l'organe d'un de ses plus
éloquens apôtres ?

4

Une telle doctrine, devant une telle assemblée, ne paraîtrait ni subversive ni révolutionnaire. Elle siérait mieux aux principes de respect dont Monsieur le procureur-général vous a parlé, que la condamnation dont il est venu vous demander ici le déplorable bénéfice. Elle semblerait aussi plus conforme aux antécédens du gouvernement, et ne serait pas considérée, j'espère, par la noble Cour, comme une offense à sa haute et impartiale justice. Nous ne sommes plus aux temps, grâce à Dieu, où le mot de *justice politique* n'avait qu'une signification trop peu douteuse ; dans ces temps où le plus fougueux des génies révolutionnaires (1) fut traîné, lui aussi, dans ces mêmes prisons qu'il avait tour à tour peuplées et dépeuplées..... ; où repoussant avec amertume ses amis, qui lui conseillaient de préparer les pièces de sa défense, il s'écria : « Des pièces ! une défense ! Ne savez-vous pas, mes « amis, que je vais subir un jugement politique ? » Ces temps sont passés, passés, j'espère, sans retour. Nous comparaissons devant le corps le plus élevé, le plus éclairé de l'Etat, celui qui renferme de nobles cœurs, de hautes intelligences, et qui résume, par conséquent, la plus magnifique expression de la justice du pays.

Cette doctrine d'inviolabilité ne serait donc pas une offense à la Cour, mais un hommage aux principes. Il appartenait à une voix plus éloquente que la mienne de la proclamer avec tout l'éclat et toute l'autorité d'une haute raison ; et cette tâche a été noblement remplie. Mon rôle est plus modeste. C'est d'un prévenu peu considérable, c'est de Forestier, que la

(1) Danton.

défense m'est confiée. Pour lui, Messieurs les Pairs, votre compétence n'est pas douteuse, et il se gardera bien de vouloir l'échanger contre ce qu'on appelle *la justice du pays*. En politique, toute justice est effrayante, celle du pays comme une autre, et quelquefois plus qu'une autre. Je l'ai vue parfois bien zélée, bien prompte et bien vive ; et si j'avais à demander une justice calme, modérée, patiente, ce n'est pas au rivage de Boulogne que j'irais la chercher.

Eu parcourant le rapport qui vous a été présenté, je me suis effrayé pour Forestier du nombre et de la gravité des charges accumulées contre lui.

L'accusation lui a fait l'honneur d'une attention toute particulière. A l'entendre, c'est l'agent le plus actif du prince Louis ; possesseur de ses secrets, initié dans le mystère d'un complot dont il prépare les actes d'exécution, tantôt embauchant des soldats, tantôt envoyant des habillemens, tantôt distribuant des écrits dans les casernes, faisant un voyage à Londres, portant ensuite à Battaille et à Aladenize l'ordre de se réunir au Prince à Wimereux, participant enfin à tous les actes de la fatale journée du 6 mai.

A la vue de cette formidable liste d'imputations, et avant d'avoir connu Forestier, j'ai pensé que sans doute de graves antécédens l'attachaient à la cause impériale ; que de nombreux services rendus, des bienfaits reçus, une ambition frustrée ou l'irrésistible entraînement des passions politiques l'avaient précipité dans la situation où la défense doit venir à son secours.

Mais quelle n'a pas été ma surprise, quelle ne doit pas être la vôtre, Messieurs les Pairs, en voyant de près ce redoutable conspirateur ! Des antécédens politiques! Forestier n'en a aucun ; jamais il n'a eu ni la pensée ni le désir de se produire sur le dangereux théâtre des révolutions ; jamais il ne s'est trouvé impliqué dans ces tristes procès qui, depuis dix ans, agitent notre pays et fatiguent votre justice : la cause impériale ne lui était connue ni par des bienfaits ni par des injustices ; ni lui ni les siens n'avaient versé leur sang pour elle. Pacifique par goût comme par état, il se livrait depuis plusieurs années aux paisibles occupations de la vie commerciale, sans qu'aucune distraction politique vînt troubler l'heureux cours de ses travaux. Vous avez entendu les dépositions de ses associés, le témoignage qu'ils vous ont rendu de son excellente conduite, de sa parfaite moralité ; l'affection vive et sincère, l'entière confiance qu'il inspirait, et l'étonnement où les a jetés la nouvelle de sa captivité.

Par quel fatal enchaînement de causes Forestier s'est-il donc trouvé conduit à venir figurer sur ces bancs ? Il est des situations qui s'expliquent sans commentaires. Le général Montholon a reçu le dernier soupir du héros ; Parquin, Voïsin, Delaborde ont été honorés de sa confiance, et l'ont servi de leur sang ; tous les autres co-accusés étaient, depuis plus ou moins long-temps, connus du prince Napoléon : seul, Forestier était étranger au Prince et à ses compagnons d'infortune !

Le hasard, qui dirige tant de choses ici-bas, mit Forestier en rapport avec M. Persigny, à Paris, vers la fin de l'année dernière, et une certaine intimité s'établit entre eux. Après le départ de celui-ci pour Londres, mon client fut accusé d'avoir favorisé son voyage en lui prêtant un passeport qu'il avait pris pour lui-même, et la police le tracassa longuement pour ce fait. Une correspondance s'ensuivit naturellement entre Persigny et Forestier. On se rendit réciproquement quelques services assez indifférens. Bientôt arrivèrent, de la part de Persigny, les commissions dont l'exécution a eu, pour Forestier, des conséquences si funestes : je veux parler de l'envoi des habillemens militaires, des faits d'embauchage, et des distributions d'écrits bonapartistes dans les casernes.

Quelle était donc à ce moment, Messieurs les Pairs, la véritable position de Forestier? Pour que les actes qu'il a commis puissent raisonnablement lui être imputés à crime, ne faut-il pas qu'il en ait compris le but et la portée, qu'il ait connu d'avance les projets du prince Napoléon? Et cependant, s'il est un point démontré dans cette cause, c'est qu'aucun des accusés n'a été initié dans les secrets du Prince. L'exemple de Bonaparte revenant de l'île d'Elbe, et confiant seulement à deux amis éprouvés le mystère de son voyage, n'a pas été perdu pour son neveu. Tous ces hommes, dont l'absolu dévouement était assuré au Prince, vous affirment sur l'honneur avoir tout ignoré. Le Prince n'a cessé de le déclarer lui-même, et c'est à Forestier, jeune, inexpérimenté, non encore éprouvé, connu de Persigny seul, vivant à Paris sous la surveillance d'une police active et habile, que le Prince aurait livré trois mois à l'avance le secret d'une entreprise d'où pouvait dépendre son avenir politique, et plus que sa propre vie, la vie de ses compagnons! Ce que les hommes de l'île d'Elbe, des cent-jours, de Sainte-Hélène, de Strasbourg ont ignoré, Forestier en aurait obtenu la confidence!... Il n'y a dans cette supposition, Messieurs les Pairs, ni vérité, ni vraisemblance, ni possibilité. Bien plus, s'il m'était donné de juger le passé, j'oserais affirmer, qu'à l'époque dont nous parlons, rien n'était fixé dans l'esprit du Prince, ni pour la tentative en elle-même, ni pour le lieu, ni pour le moment de son exécution. Et cependant si Forestier n'a rien su, les actes qu'on lui reproche et que nous allons rapidement parcourir ne pourront vous apparaître avec un caractère de culpabilité.

Forestier a expédié pour Londres des capotes militaires, les mêmes qui ont servi aux hommes de la suite du Prince à son débarquement!...

Quatre mois avant l'évènement, au 1er avril, la date est constante, Forestier reçoit de Persigny la commission de lui envoyer à Londres quelques vieilles capotes pour servir de modèles à des uniformes de soldats qu'on faisait partir pour l'Espagne; et cette demande est exécutée. La date de l'envoi, le petit nombre de ces habillemens, leur destination annoncée, ne mettent-elles pas à l'abri de tout soupçon la bonne foi de Forestier? Sans doute, en rapprochant ce fait du résultat définitif, on aperçoit le lien qui les unit dans la pensée de celui qui a donné les ordres; et, comme Forestier l'a déclaré dans son interrogatoire, « il est facile de trouver des coïncidences après l'évènement. » Mais l'accusation peut-elle établir, peut-elle soutenir que Forestier ait été instruit à l'avance de l'usage auquel ces habillemens étaient destinés? Je n'arrêterai pas plus longtemps sur ce grief l'attention de la Cour.

Le fait d'embauchage reproché à mon client offre moins de gravité encore, s'il est possible. Forestier a recruté des soldats pour l'expédition de Boulogne! Au mois d'avril, c'est-à-dire quatre mois avant la tentative, on demande à Forestier deux domestiques, anciens militaires, pour servir chez une dame à Londres. Personne n'ignore à quel titre on préfère le service de soldats. Les habitudes de régularité, de soumission et de probité qu'ils ont prises sous le drapeau, la facilité de s'assurer de leur moralité, tout cela les fait rechercher par beaucoup de personnes ; et Forestier ne devait rien trouver d'extraordinaire à recevoir une pareille commission. Aussi, l'exécute-t-il sans mystère et au grand jour. Il s'adresse au major de la caserne de la Pépinière et à celui de l'Ecole-Militaire, pour être autorisé à poser une affiche demandant deux domestiques, et invitant les soldats dont le service expirait, et qui voudraient s'engager ainsi, à se présenter à son domicile. Un de ces soldats, qui était tombé d'accord avec lui, disparaît en emportant l'argent qu'il avait reçu d'avance. Forestier s'adresse à la police pour le faire rechercher, et à la justice pour obtenir la restitution de l'argent. Voilà, Messieurs les Pairs, de quel mystère s'enveloppe cet agent d'embauchage ! Il prévient l'autorité militaire, la police et la justice ! Il affiche son secret ! Et on l'accuserait encore de menées ténébreuses, de corruption d'embauchage ! Mais pourquoi ne pas traduire en même temps à votre barre comme complices, et le major qui a permis ce fait et la police qui a prêté la main à Forestier ?

Je comprendrais encore l'accusation, si ce qu'elle appelle *embauchage* se fût pratiqué sur une grande échelle, si l'on eût demandé à Forestier un nombre d'hommes suffisant pour exciter en lui quelques soupçons. Mais Forestier devait-il, pouvait-il supposer que cinq hommes envoyés à Londres dans l'espace de trois mois, seraient les instrumens d'une grande révolution !

Est-il besoin d'ajouter, ce qui est encore établi par les dépositions de ces mêmes hommes, que Forestier ne s'est jamais enquis ni de leur caractère plus ou moins entreprenant et hardi, ni de leurs opinions politiques? Qu'il a demandé, au contraire, des hommes tranquilles et d'une moralité bien reconnue? Est-il besoin de dire enfin, que la destination qu'il leur offrait était sérieuse, et qu'ils ont été placés effectivement les uns chez une dame à Londres, et ceux-là se sont empressés de faire parvenir leurs remercîmens à Forestier, les autres chez différens maîtres. Si, plus tard, le Prince a pu les retrouver pour l'expédition, faut-il attribuer à mon client la participation au secret de cette pensée qui les faisait venir de Paris dans de pareilles prévisions? Et ne suffit-il pas, pour sa justification, qu'il puisse vous prouver sa bonne foi par toutes les circonstances de l'acte qui lui est imputé?

Quant à la prétendue distribution d'écrits dans les casernes, je n'ai qu'un mot à répondre, c'est que ce fait est complètement inexact ; et je mets l'accusation au défi d'en administrer la plus légère preuve. Je pourrais me borner là, mais tout sera loyal dans la défense. Forestier a commis le grand crime de faire porter à domicile, chez une centaine de personnes, d'après le désir de Persigny, et par les soins d'une entreprise générale de distributions, un opuscule intitulé *Lettres de Londres*, écrit tellement innocent, que la vente en est publique encore aujourd'hui, comme alors, et que la justice n'a pas cru pouvoir le faire saisir et poursuivre. Parmi les personnes à qui cette petite brochure a été adressée, se trouvent quelques officiers. Est-ce donc là, Messieurs les Pairs, un fait digne de reproche ? Et depuis quand érige-t-on en crime d'Etat la distribution publique d'un écrit innocent ?

Voilà pourtant à quoi se réduisent ces imputations redoutables ! Voilà comment s'écroule pièce à pièce l'échafaudage si péniblement élevé par l'accusation ! Comme il y a un art de grouper les chiffres, il en existe un autre que l'accusation entend à merveille : celui de grouper les faits ; elle en a largement usé dans cette cause. Elle ne demande pas deux lignes d'un homme pour le faire mettre à mort ; mais rattachant dans une commune pensée tous ces griefs particuliers, d'actes isolés et séparément innocens, elle en compose un ensemble d'actes criminels. Elle montre Forestier le complice et l'instrument intelligent du complot, avant qu'il lui ait été possible d'en avoir soit la pensée, soit le secret ; et pour le jeter plus sûrement en holocauste à votre justice, long-temps avant le crime, elle le dépouille de son caractère d'homme inoffensif, de ses antécédens honnêtes et de son innocence.

Où conduirait donc, Messieurs les Pairs, dans les temps où nous vivons, ce déplorable usage d'une logique accusatrice ? Quelle tête oserait espérer de vivre à l'abri des coups de la loi pénale, si des actes innocens par eux-mêmes et par la bonne foi de celui qui les exécute, peuvent l'entraîner dans l'abîme où tombent d'ordinaire les conspirateurs ? Légitimistes, bonapartistes, républicains, tous s'efforcent à l'envi de renverser l'Etat actuel des choses ; et il n'est aucun de nous, aucun de vous, Messieurs les Pairs, qui ne compte quelque ami dans les rangs de l'un ou de l'autre de ces partis !

Et parce qu'on nous demanderait un ou plusieurs domestiques, ou quelques habillemens ; ou parce qu'on nous prierait de distribuer une brochure innocente et publiquement vendue ; ou qu'on réclamerait de nous tout autre service dont nous ignorerions la portée, nous deviendrions des conspirateurs, des criminels d'Etat ! On demanderait à votre barre la peine de mort contre nous ! Avec une pareille jurisprudence, il n'y aurait plus qu'à s'envelopper dans l'isolement ; et si de tels faits sont des crimes, qui de nous osera respirer désormais ?

L'accusation a parlé encore de plusieurs voyages que Forestier a faits à Londres. Voici deux lettres antérieures au seul voyage qu'il ait exécuté, celui qui lui est reproché, et qui établissent que, du mois d'avril à la fin de juillet, il a partagé son temps entre Saint-Gérand et la ville d'Aix, où il est allé prendre les bains.

(Le défenseur donne lecture de ces lettres, qui ne laissent aucun doute sur son assertion, ni sur les motifs étrangers à la politique qui appelaient Forestier dans ces deux villes.)

J'ai hâte d'arriver, Messieurs les Pairs, aux seuls faits qui méritent une discussion dans cette cause.

Le défenseur fournit à la Cour la preuve que c'est une entreprise industrielle, l'importation en France de la fabrication d'ardoises-porcelaines, qui a conduit son client à Londres. Il fait résulter cette preuve :

1º De la mention faite sur le carnet de Forestier, qui fut saisi dans sa malle, d'une demande de renseignemens sur cette industrie, adressée à Londres ;

2º De deux lettres, l'une du directeur de l'Institution polytechnique, l'autre d'un procureur à Londres, qui établissent que Forestier s'est beaucoup occupé de cette affaire pendant son court séjour en Angleterre ;

3º Des échantillons saisis dans sa malle, à Boulogne ;

4º Des ordres donnés à des ouvriers, avant son voyage, pour la confection de cadres.

Après avoir démontré ces faits, il continue ainsi :

L'accusation s'étonne de la manière dont se sont formées les relations de Forestier avec le prince Louis Bonaparte, s'il est vrai, dit-elle, qu'elles aient commencé à Londres, pendant un court séjour, dans une rapide entrevue, et qu'elles aient pris si vîte une sorte de caractère d'intimité.

Rien cependant n'est plus exact que le fait en lui-même ; rien n'est plus naturel, ni plus facile à expliquer.

Forestier séduit, comme nous tous, et préparé à l'admiration par les prodigieux récits de la gloire impériale, se trouve, pour la première fois, en présence du plus grand nom des temps modernes. Son émotion se comprend sans doute à la vue de ce qui lui représente la plus triste, mais aussi la plus brillante destinée humaine, accompagnée de ses grandeurs et de ses naufrages. Ce sont là ces *lacrymæ rerum* auxquels le jeune cœur de Forestier ne pouvait résister. Son imagination s'exalte et s'éblouit à tant de souvenirs ; l'attendrissement se glisse au fond de son cœur, la sympathie est déjà née.

Ne craignez pas, Messieurs les Pairs, que je veuille faire une trop forte part à cette sympathie. Je vous conjure seulement de songer qu'elle fut déposée par Dieu dans la nature humaine, long-temps avant que le monde connût les rigoureuses exigences de la politique et les raisons d'Etat.

Vous avez entendu la déposition de Forestier en parlant de cette entrevue : « Le Prince m'accueillit « avec bonté ; il m'assura de sa bienveillance ; et comme « je lui disais que je retournais à Paris : Heureux vous « qui pouvez revoir la France ! me répondit-il ; pour « moi, je suis malheureux et condamné à l'exil. »

Voilà donc ce jeune homme aux prises avec les plus puissantes illusions de l'esprit, avec les plus vives émotions du cœur. Ce n'est point l'esprit de désordre, mais une généreuse sympathie qui l'agite. Dans cette entrevue, où tout s'abrége par le sentiment, Forestier ne voit dans le prince Louis Bonaparte qu'un compatriote qui languit et se dessèche loin de la terre natale, qu'une innocente victime de cet autre péché originel, inventé sous le nom de *raison d'Etat*, et dont la politique a marqué le front du jeune Bonaparte à l'âge de sept ans.

C'est ainsi que ces relations intimes reprochées à mon client par l'accusation se sont formées, ou, pour mieux dire, se sont improvisées dans une rencontre accidentelle ou cherchée innocemment.

Que se passe-t-il ensuite ? A peu de jours de là, Forestier annonce son départ ; on le charge d'une lettre pour Boulogne. Ce fait a paru d'une haute gravité aux yeux de l'accusation, qui n'a pas manqué de faire de

Forestier le courrier du complot, comme elle en avait fait l'agent d'embauchage et le distributeur d'écrits : c'est lui qui aura sciemment averti Battaille et Aladenize de la prochaine arrivée du prince à Wimereux.

On a remis à Forestier une lettre *cachetée*..... Mais n'est-ce pas là sa justification la plus éclatante? Complice, pourquoi écrire? Initié dans tous les secrets de la conspiration, pourquoi ne portera-t-il pas un ordre verbal à Battaille, sans encourir le risque de voir sa lettre saisie, le succès de la tentative compromis, et lui-même enveloppé dans la ruine de tous? Ecrit-on ainsi son arrêt de mort sans une absolue nécessité? Ne se fie-t-on pas à l'homme à qui l'on s'est si bien fié pour des faits d'embauchage, d'envoi d'habillemens, de distributions d'écrits ; à l'homme que l'on prétend être l'un des agens les plus actifs du prince Napoléon? Si Forestier a porté *une lettre cachetée*, et cela est établi, je ne veux pas d'autre preuve de son innocence.

L'accusation a voulu tirer aussi parti de ce fait, que Forestier est venu en France à bord d'une barque de pêcheur. Deux Anglais, arrivés comme lui trop tard à Douvres pour profiter du bateau à vapeur, ont loué, comme cela se pratique tous les jours, une barque à frais communs ; et Forestier est arrivé avec eux en plein jour, à deux heures de l'après-midi, dans le port de Boulogne ; il donne son passeport à la douane, et fait visiter sa malle. Sont-ce là des allures de conspirateur?

Et cette malle même ne vient-elle pas justifier tout ce que j'ai dit de la bonne foi de mon client? Tous les autres accusés, sans exception, possèdent leurs effets à bord du paquebot; Forestier seul emporte tout avec lui; sa malle ne renferme ni armes, ni cocardes, ni croix, ni proclamations, mais de modestes échantillons d'ardoise – porcelaine. Etrange souci pour un jeune conspirateur qui marche au renversement du trône de France! L'accusation nous dira - t - elle que Forestier préparait ainsi à l'avance sa défense à la Cour? Dans de telles entreprises, on ne calcule que le succès; et les ardoises de fayence sont un trop mince contrepoids à l'enjeu de la tête.

Jusqu'ici, Messieurs les Pairs, Forestier est innocent. Il remet à Bataille la lettre qui lui est destinée, et c'est de lui qu'il reçoit la confidence non pas des projets du Prince, mais du désir qu'il avait de communiquer avec lui à Wimereux. La déposition du postillon prouve que c'est bien par Bataille, et non par Forestier, que l'ordre lui a été donné de porter la lettre à Saint-Omer. La nuit, Forestier est éveillé; et en compagnie de Bataille et d'Aladenize, il se dirige vers Wimereux.

Seuls, dans le silence de la nuit, ces trois jeunes gens, sans armes, suivent les bords de cet Océan qui, dans des situations si diverses, mais avec la même contraire fortune, avait porté l'oncle au rocher de Sainte-Hélène, et portait aujourd'hui le neveu vers une prison d'Etat. A une pareille heure, et en présence de cette immensité, si quelque chose frappe l'esprit de l'homme, c'est le sentiment de sa faiblesse et de son impuissance : aussi Forestier vous a - t - il déclaré que c'était bien la pensée qui le dominait. « Comment aurais-je supposé, vous a-t-il dit, que trois jeunes gens sans armes, le Prince et quelques amis, devaient faire une révolution? » Ah! pourquoi n'y eut-il pas pour vous un avertissement de plus dans cette solitude? Pourquoi n'y entendîtes-vous pas s'écrier quelque voix mystérieuse : «Malheur à qui se jette sous la roue des révolutions ! » Forestier, Battaille, Aladenize, Aladenize, infortunés jeunes gens! où couriez-vous? Comment s'était éloigné de vous, à ce moment, le génie tutélaire à qui Dieu confia la protection de votre jeunesse? Mais, quand viendra votre heure, il déposera aux pieds de l'éternelle justice le livre des actions de votre honorable vie ; on n'y verra qu'une seule page malheureuse, et cette page, vous l'aurez effacée par vos pleurs, et l'on ne pourra plus y lire que l'acte de clémence de vos juges.

Forestier vous a expliqué, Messieurs les Pairs, les sentimens qui le guidaient vers Wimereux, ceux de l'affection, du dévouement, d'un secours à donner à l'infortune. Dans sa pensée, le Prince voulait communiquer verbalement avec lui, et reprendre ensuite la mer ; ou bien il voulait débarquer pour traverser la France et se rendre en Suisse. Mais la vérité ne tarda pas à se faire jour. Forestier reconnut bientôt quelques-uns des hommes qu'il avait envoyés à Londres, puis Persigny, puis enfin le Prince. Que fera-t-il à ce moment? J'aime mieux qu'il vous parle, qu'il se défende lui-même. « Quand je me suis vu en présence « des hommes que j'avais compromis à mon insu, j'ai « cru qu'il était de mon devoir de partager leurs dan- « gers ; et d'ailleurs mon dévouement pour le Prince « m'aurait décidé à le suivre. » Il revêt l'uniforme qu'on lui donne, mais dont les proportions prouvent évidemment que ces vêtemens n'avaient pas été faits pour lui.

C'est ainsi que Forestier s'avance vers Boulogne avec ses co – accusés. Il ne nie point sa participation aux différens actes qui ont signalé cette journée. Il assistait à tout, comme il vous l'a déclaré ; il a suivi le Prince jusqu'à la colonne.

La faute est commise, le supplice commence, et ce supplice devient affreux. Sauvé par deux généreux ouvriers, qui lui donnent des vêtemens, Forestier est ramené par eux vers Boulogne, où ils étaient bien connus, et où leur assistance le mettait à l'abri de tout soupçon. Un grand tumulte avait lieu sur le port. Ces hommes y entraînent Forestier, et là, sous ses yeux, on s'élance sur ses amis, qui se sauvent dans un bateau. Là, à ses côtés, commence sur eux une vive fusillade. Il voit les uns blessés, les autres mourans, le Prince à la nage avec Parquin, Persigny sur le point de se noyer, et une grêle de balles pleuvant autour d'eux. « Vingt ans de prison ne seraient rien, me disait Forestier, au prix de ce que j'ai souffert en ce moment. Je voulais m'élancer vers eux pour partager leur sort ; mais mes deux compagnons me tenaient fortement serré, et d'autres hommes placés à mes côtés, se méprenant sur la nature de mes émotions, me criaient : « Sois tranquille, pas un seul ne pourra nous échapper... » Ah! oui, Forestier, vous fûtes cruellement puni ; et les hommes ont inventé peu de tortures qui puissent égaler celle que vous avez dû subir à ce moment. Cette peine n'est-elle pas assez forte, Messieurs les Pairs? Cette justice du sort n'a-t-elle pas satisfait en même temps qu'elle a devancé votre justice? Et ne semble-t-il pas que, pour Forestier du moins, l'évènement se soit chargé de venger sur le champ l'évènement? Ne semble-t-il pas que

sa faute commise et lui-même à peine éloigné de la première scène, la main du sort l'ait aussitôt conduit vers
une autre scène sanglante, désolée, comme pour lui in-
diquer la suite immédiate de ce jeu fatal des révolutions,
comme pour lui imprimer dans l'esprit une grande et
terrible leçon?

Quinze jours après il fut arrêté. Le voici maintenant
devant la noble Cour.

Le voici avec ses antécédens honnêtes, avec sa parfaite moralité, étranger jusqu'ici à tous les mouve-
mens politiques qui ont agité notre pays; le voici victime d'un entraînement du cœur. Il ne se pose devant
vous ni en héros ni en apostat. Il vous raconte avec
simplicité, avec vérité, l'enchaînement des causes qui
l'ont conduit devant vous. C'est moins un homme de
parti qu'un ami dévoué; et ce dévouement, il ose ne
pas le renier devant ses juges.

En parcourant la longue nomenclature des prévenus
que la Cour a déjà mis hors de cause, je me suis aperçu
qu'elle était arrivée à cette extrême limite que touchait
mon client, et qu'en faisant un pas de plus, elle pro-
noncerait aussi sa mise en liberté. Quand je compare,
en effet, la véritable situation de Forestier dans cette
cause, à celle des hommes que votre justice a relaxés
de toute poursuite, ma raison ne saurait voir la subtile
différence de leur culpabilité, ni distinguer clairement
à quels motifs il a dû le triste privilége de figurer sur
ces bancs. Il n'a pas plus fait qu'eux, nobles Pairs.
Il devait s'attendre à la même faveur..... Vous l'avez
oublié!

Cet oubli, vous le réparerez, sans doute, Messieurs les Pairs. Vous avez déjà renvoyé une foule

d'hommes dont la participation réelle à l'attentat était plus évidente que la lumière, et qui n'ont obtenu leur liberté que parce qu'à vos yeux ils avaient subi le joug d'une contrainte matérielle. Mais votre justice ne fera-t-elle pas aussi la part des influences morales, des affections ardentes, des dévouemens sincères, des généreuses sympathies ? Ne tiendrez-vous pas compte de tant et de si puissantes causes d'entraînement à tous les accusés, et en particulier à celui que je défends, alors qu'ils se sont trouvés en présence d'un Prince sur le front duquel étaient écrits tous les souvenirs de l'empire, qui de plus était malheureux ? « Il me serrait la main, vous a dit Forestier ; il me répétait : Heureux vous qui pouvez retourner en France ! » Et quand le Prince s'est découvert enfin à ses compagnons au milieu du danger, ils se seraient refusés à le suivre ! ils l'auraient abandonné !... Ah ! c'est trop demander aux âmes généreuses ! c'est trop demander à la nature humaine !

Si des convictions politiques ont eu leur large part dans la détermination des accusés, tous ont été entraînés aussi par les impulsions les plus élevées du cœur. Admis dans l'intimité du prince Napoléon, ils le voyaient lentement consumé par cette plaie de l'exil, qui ronge et dévore l'âme. Les yeux toujours tournés vers cette France, où il était né au milieu des gloires de sa famille, il n'avait de pensée, d'existence que pour sa patrie. Le colonel Voisin, dans son interrogatoire, résume admirablement en une ligne tout ce que je pourrais citer à cet égard :

« Nous sommes sortis de la caserne, a-t-il dit. J'ai « proposé au Prince de s'embarquer ; il m'a répondu « qu'il voulait mourir sur le sol français. »

Que puis - je ajouter à de telles paroles prononcées dans un tel moment? Elles sont le cri de tous les grands cœurs, de tous ceux qui ont aimé leur patrie plus que leur vie. Daignez écouter.

Dans cette même enceinte, Messieurs les Pairs, parut, il y a vingt - cinq ans, un illustre guerrier, chargé d'une terrible accusation. Il lui fut donné de sauver sa vie, s'il voulait user du triste avantage que la conquête venait de lui faire, en détachant sa ville natale du territoire de son pays, s'il voulait se déclarer étranger. Sa réponse n'est - elle pas écrite dans vos souvenirs? « Si « ma vie est à ce prix, s'écria le maréchal Ney, j'aime « mieux mourir Français que de vivre étranger, séparé « du grand nom de ma patrie. »

Et ce républicain plus célèbre encore, Danton, n'aima-t-il pas mieux mourir dans son pays que de fuir, comme il en était sollicité? Ne connaissez - vous pas tous sa réponse rudement sublime? « Est-ce qu'on emporte « sa patrie à la semelle de ses souliers? »

C'est ce sentiment de la nationalité, cet amour de la terre natale que les compagnons du prince ont compris, tout aussi bien que ses nobles vues, que ses droits élevés. Projets de grandeur et de prospérité pour la France, ressentiment de sa dignité méconnue à l'étranger, impatience de faire revivre aux yeux du monde la gloire de l'empire, toutes ces causes déterminantes des grandes résolutions vous ont été admirablement développées, et certes, il n'est pas besoin de les rappeler à vos esprits. Je ne fais que signaler plus spécialement la part d'influence qu'a exercée sur mon client la situation plutôt morale que politique du prince, son infortune plutôt que les droits de sa naissance.

Oui, Messieurs les Pairs, aux yeux de Forestier, comme aux yeux de ses co-accusés, l'exil du prince Louis avait pour lui le malheur d'une exception inouïe peut-être dans l'histoire. Princes et citoyens ont été bannis de leur patrie; mais les uns et les autres ont pu trouver, sous un ciel étranger, des adoucissemens à leurs maux, des sympathies pour leurs douleurs. Seul, le neveu de Napoléon n'avait plus où reposer sa tête. Quel lieu lui servira d'asile?

L'Angleterre? Mais l'Angleterre venait de signer le traité de la quadruple alliance, et de renouer contre nous la fatale ligue de l'Europe coalisée. L'Angleterre, la plus mortelle ennemie de Napoléon, parce que la France était grande par lui! L'Angleterre, à qui Napoléon avait fermé l'Europe, et qu'il avait ébranlée jusque dans les fondemens de sa puissance!... Ira-t-il en Italie? Pour voir les dernières convulsions de cette liberté mourante, dont il avait voulu, lui aussi, comme son frère mort pour la défendre, rallumer le flambeau! Pour voir cette reine déchue pleurant sa royale couronne confiée à Napoléon! Pour voir l'Autriche tranquillement assise dans les riches plaines de la Lombardie, étendant son sceptre de plomb jusque dans le fond des Calabres? Traversera-t-il cette Belgique et ces provinces Rhénanes arrachées à la France? La Suisse lui est - elle ouverte? En Hollande, son père fut roi. Le royaume de Westphalie est tombé dans le même abîme que celui d'Italie. Ne faut - il pas qu'il fuie les maîtres des champs d'Austerlitz et d'Iéna, et cette terre avide de Russie, où dorment, en attendant leur vengeur, les ossemens blanchis de nos immortelles légions? Pas une contrée en Europe où la gloire de Napoléon ne le persécute, ne s'attache à ses flancs comme un supplice! Pas une contrée qui n'ait reçu de sa famille, au nom de la France et pour la France, un dommage sanglant et mérité... Plus loin il trouvera une terre que la main de Napoléon a saisie, et marquée comme obstacle à la puissance anglo-indienne; une terre dont Napoléon a prophétiquement agité la poussière séculaire; et de cette poussière est déjà né un vengeur, qui menace de ravir à d'avides protecteurs, nos éternels ennemis, une proie dévorée par eux en espérance. Plus loin encore il trouverait le rocher de Sainte-Hélène! Ah! la France, la France seule pouvait être le séjour ou le tombeau de l'héritier de Napoléon.

Prince, n'est-ce pas là un des sentimens qui depuis des années font battre votre noble cœur, et vous ont inspiré ces résolutions extrêmes dont vous venez aujourd'hui expier ici l'insuccès. Et vous, ses compagnons d'infortune, n'est-ce pas là le motif de vos profondes et généreuses sympathies? N'est-ce pas à ces sources élevées que vous avez puisé la résolution de rendre à l'exilé sa patrie, de vous jeter tête baissée avec lui sur la terre natale, sans peser la dure loi qui punissait son entreprise, sans autre calcul que son malheur et votre dévouement?

Votre justice, Messieurs les Pairs, aura-t-elle des rigueurs pour de semblables accusés? Quand je considère les faits, je me rassure; et je me rassure encore quand je considère les juges. Ici se concentrent les plus éclatans rayons des gloires de l'empire. Presque tous, vous avez été les colonnes de cette mémorable époque qui doit grandir encore en traversant les siècles. Le génie puissant qui dirigeait l'Etat n'eût pas suffi pour accomplir seul tant de merveilles; et je me refuse à voir la France absorbée dans cette magnifique unité. Généraux qui avez conduit nos soldats à la victoire ; législateurs qui, par vos sages régulations, avez harmonisé le mouvement des sociétés modernes, et donné à la France des lois que lui envie le monde ; administrateurs qui avez fondé l'admirable organisation d'une centralisation puissante, je vous ai vus tous au premier rang dans les fastes de l'empire ; je me suis incliné avec respect devant vos noms glorieux, devant les grandes choses que vous avez exécutées. Je vous revois dans cette enceinte, et je me rassure. Je trouve ici, comme juge, l'empire; comme accusés, le neveu de l'empereur et les compagnons de sa fortune.

FIN.